Lernen und Bildung im Erwachsenenalter. Lernstile nach David Kolb

Vanessa Gisch

Bibliografische Information der Deutschen Nationalbibliothek:

Die Deutsche Nationalbibliothek verzeichnet diese Publikation in der Deutschen Nationalbibliografie; detaillierte bibliografische Daten sind im Internet über http://dnb.d-nb.de abrufbar.

ISBN: 9783346645890
Dieses Buch ist auch als E-Book erhältlich.

© GRIN Publishing GmbH
Nymphenburger Straße 86
80636 München

Druck und Bindung: Books on Demand GmbH, Norderstedt Germany
Gedruckt auf säurefreiem Papier aus verantwortungsvollen Quellen

Das vorliegende Werk wurde sorgfältig erarbeitet. Dennoch übernehmen Autoren und Verlag für die Richtigkeit von Angaben, Hinweisen, Links und Ratschlägen sowie eventuelle Druckfehler keine Haftung.

Das Buch bei GRIN: https://www.grin.com/document/1195043

Deckblatt für Einsendearbeiten im

Fernstudiengang „Erwachsenenbildung"

Adresse	
Name	Gisch
Vorname	Vanessa

Einsendeaufgabe 1

Anekdote des Ballonfahrers aus konstruktivistischer Sicht

Bei der Anekdote des Ballonfahrers handelt es sich um folgende Situation: „Ein Ballon-fahrer hat sich verirrt. Er sieht unter sich einen Bauern und ruft ihm zu: „Wo bin ich?" Der Bauer antwortet: „In einem Ballon."" (Siebert 2015: Studienbrief EB0310, S. 7)

Siebert veranschaulicht damit das Konzept des Konstruktivismus. Jedes Individuum konstruiert sich die Realität nach der subjektiven Wahrnehmung, durch die Sinne und die kognitiven und emotionalen Deutungsmuster. (vgl. ebd., S. 7)

Bezogen auf die Anekdote des Ballonfahrers ist zu vermuten, dass der Bauer nach der Frage des Ballonfahrers, in erster Linie den Ballon mit seinen Sinnen wahrgenommen hat. Anschließend bildet er sich mit seinen Erfahrungs- und Deutungsmustern sein Konstrukt. Folglich antwortet der Bauer auf die Frage, dass sich der Ballonfahrer in einem Ballon befindet.

Wohingegen der Ballonfahrer die geographische Lage als Antwort erwartet hätte. Für Den Ballonfahrer wie auch den Bauern ist ihre Frage bzw. Antwort richtig.

Dieses Beispiel zeigt wie verschieden unsere Wahrnehmung der Welt bzw. der einzel-nen Lebenssituationen ist. Es kommt immer auf die Perspektive an, aus der man diese betrachtet. (vgl. ebd., S. 7)

So reproduzieren die Individuen ihre über die Biographie erworbenen Erfahrungs- und Verhaltensmuster in den jeweiligen Situationen selbstorganisiert und eigensinnig. Sie nehmen die Umwelt mit ihren Veränderungen wahr, bilden mithilfe der Deutungsmuster ihr Konstrukt und handeln entsprechend ihrer bisherigen Erfahrungen und Verhaltens-weisen. (vgl. ebd., S. 7 f.)

Erwachsene besitzen somit die Fähigkeit sich selbst in den jeweiligen Situationen zu reflektieren und tun dies auch.

Jedoch handelt es sich bei dem Konstruktivismus um eine Erkenntnistheorie. Es wird davon ausgegangen, dass „der Mensch über keinen unmittelbaren Zugang zu der ihn umgebenden Wirklichkeit verfügt." (Arnold 2010, S. 173)

Dies bedeutet, dass die Individuen die Welt nicht wahrheitsgemäß abbilden oder wi-derspiegeln, sondern eigene Lebenswelten erzeugen. Diese Wahrnehmung der Wirk-lichkeit ist nur in bestimmten Grenzen oder Gesichtspunkten zutreffend, wodurch die Gültigkeit eingeschränkt ist. Es handelt sich bei der Deutung um subjektive Wahrneh-mungen. (vgl. ebd., S. 7)

Mit Bezug auf die Lernprozesse ist festzustellen, dass das Festhalten an einer Inputdidaktik, keinen Lernerfolg gewährleistet kann. Denn „Inhalte und Ergebnisse werden vielmehr von den Lernern vor dem Hintergrund ihres bereits vorhandenen Wissens (und ihrer Deutungs- und Emotionsmuster) selbst konstruiert bzw. rekonstruiert." (Arnold 2010, S. 173)

Einsendeaufgrabe 2

Gemeinsamkeiten und Unterschiede von Lernen und Bildung

Lernen beschreibt den Prozess durch den die Menschen ihre Persönlichkeit aufbauen und das soziale Verhalten sowie die kulturelle Lebensweise erlernen. Dadurch werden die Menschen dazu befähigt eigenverantwortlich zu handeln und sich an die Normen und Werte in der Gesellschaft anzupassen.

Der Mensch setzt sich im Lernprozess mit seiner Umwelt auseinander. (vgl. Siebert 2015: Studienbrief EB0320, S. 12) Es handelt sich um ein aktives, selbstbestimmtes und von außen nur begrenzt beeinflussbares Verhalten. Dieses ist gebunden an die individuell ausgebildeten Deutungs- und Emotionsmuster, die als Konstruktionen der Realität das Wahrnehmen, Fühlen und Handeln des Menschen beeinflussen. (vgl. Siebert 2015: Studienbrief EB0310, S.23 f.) Diese Muster können durch Lernsituationen ausgebaut oder angepasst werden. Dabei kann es sich beispielsweise um ungewöhnliche, neue oder fremde Situationen handeln. (vgl. ebd., S.24) Voraussetzung hierfür ist es die Fähigkeit der Selbstreflexion und das Interesse sowie die Bereitschaft zu haben uns aus einer zweiten Perspektive wahrzunehmen (vgl. Siebert 2015: Studienbrief EB0320, S. 19).

Bildung ist „meist an das Bildungssystem geknüpft" (Siebert 2015: Studienbrief EB0310, S. 37). Beim Bildungsbegriff handelt sich um eine Idee bzw. einen Entwurf für eine Maßgabe. Diese dient als Orientierung und macht Aussagen darüber, was und wie gelernt werden muss, damit sich die Identität optimal entfaltet. (vgl. ebd., S. 28 ff.)

Es wird davon ausgegangen, dass Enkulturation, Sozialisation und Personalisation, und somit indirekt auch Erziehung und Lernen, Bildung zur Folge haben (Textor, o.D.).

Mit dem Begriff *Bildung* wird aus Sicht des Verfassers der Aufklärungsgedanke fortgeführt. Der Mensch wird dazu angeregt seine Fähigkeiten zu entwickeln und damit bei seiner Persönlichkeitsausbildung unterstützt.

Ziel ist es den Menschen dazu zu befähigen mit den Lebensanforderungen im Arbeits- und/oder Privatleben zurechtzukommen und sich insbesondere in komplexen, unsicheren und unbekannten Situationen orientieren zu können (vgl. Siebert 2015: Studienbrief EB0310, S. 28). Der Mensch wird dabei unterstützt, „dass aus dem Lernstoff begriffene Lerninhalte werden, dass sie zwischen der Psycho-Logik der Lernenden und der Sach-Logik des Themas Verbindungen herstellen." (ebd., S. 30) Der Mensch soll zu einem verantwortungsvollen und selbstbestimmten Handeln geleitet werden (vgl. ebd., S. 26). Es wird jedoch von den Menschen erwartet, dass sie sich einmischen und aus Konfrontationen etwas mitnehmen (vgl. ebd., S. 41).

Darüber hinaus sollte der Mensch in der Lage sein reflexiv zu lernen, um die eigenen Konstrukte kontinuierlich überprüfen zu können. Es sollte die Bereitschaft vorhanden sein neues Wissen oder Deutungen anderer Menschen in die eigenen Wirklichkeitskonstruktionen zu integrieren. (vgl. ebd. S. 21 ff.)

Damit wird *Bildung* als Ziel und Ergebnis von Erziehung und Lernen dargestellt, welches eine aktive Auseinandersetzung mit der Welt beinhaltet. (vgl. Siebert 2015: Studienbrief EB0320, S. 12)

> „Lernen und Weiterbildung sind Bestandteil einer Individualisierung und einer Vergesellschaftung des Menschen. Ob und wie Erwachsene lernen, ist nicht nur und nicht primär abhängig von der Speicherkapazität des Gedächtnisses oder von speziellen Intelligenzleistungen, sondern von Sinn und Zweck des Lerninhaltes und damit auch von der Biografie, dem Lebensplan, der Lebenslage, dem Lebensstil." (ebd., S. 11)

Jedoch ist *Bildung* nicht messbar und kann nicht festgelegt werden wie beispielsweise eine fachliche Qualifikation. Ohne Kompetenzen ist keine Konkretisierung möglich. Darum hat sich in den 1990er-Jahren unter anderem auf der EU-Ebene der Kompetenzbegriff als Alternative oder Ergänzung zum Bildungsbegriff durchgesetzt. (vgl. Siebert 2015: Studienbrief EB0310, S. 35 ff.)

Einsendeaufgabe 3

Prägung der Persönlichkeit

Bevor auf die Aufgabenstellung eingegangen wird, soll zunächst erläutert werden, was „Persönlichkeit" ist und wie sich diese entwickelt.

Unter Persönlichkeit werden die Identität, die Subjektivität und das Individuum gefasst (Siebert 2015: Studienbrief EB0310, S. 28). Der Charakter, das Temperament, die Verhaltensmuster, die Werte und Normen sowie die kognitiven und emotionalen Eigenschaften eines Menschen stellen die Merkmale der Persönlichkeit dar. Diese sind mitverantwortlich für den Zusammenhalt und die Richtung des menschlichen Lebens. Die Art und Weise des Lernens und Lehrens ist abhängig von der Persönlichkeit. (vgl. Siebert 2015: Studienbrief EB0330, S. 11) Denn die Persönlichkeit ist im Gehirn verwurzelt, sodass Kognition und Emotion miteinander vernetzt sind und zum menschlichen Handeln und zur Lernmotivation beitragen (vgl. ebd., S. 12).

Die kognitiven Fähigkeiten eines Individuums werden, so wird davon ausgegangen, genetisch vererbt. Diese werden auch durch Lebenserfahrungen und in Kontexten der Sozialisation von signifikanten Bezugsgruppen gelernt und weiterentwickelt. Unter anderem sind die Potenziale auch abhängig davon welchem Milieu das Individuum angehört und welcher Schicht es entstammt. Die kognitiven Fähigkeiten sind somit relativ stabil während die Lernmotivationen sich über die einzelnen Lebensphasen verändern können. Ebenso hängen die kognitiven Fähigkeiten vom sozialen Umfeld und den Arbeitstätigkeiten ab. Werden die Individuen kognitiv nicht angeregt oder pflegen keine sozialen Kontakte trägt dies zu einer geringen geistigen Fähigkeit bei. (vgl. ebd., S. 15)

Das Lernen und damit die Teilnahme an Erwachsenbildung führen zur Weiterentwicklung bzw. Entfaltung der menschlichen Persönlichkeit. Über diese können neue Erfahrungen gemacht werden und die Umweltveränderungen, die Denk- und Verhaltensweisen anderer beeinflussen die eigene Persönlichkeit. Dadurch werden mittels Selbstreflexion die eigenen Muster angepasst. (vgl. ebd., S. 15)

Durch persönlichkeitserzeugende Themen, die eine logische Thematik darstellen, gestaltet die Verfasserin ihre Realität und sieht die Welt wie sie diese auszuhalten vermag. Diese generativen Themen bilden sich meist aus Problemsituationen heraus, in denen die eigenen Grenzen überschritten werden. Diese machen es der Verfasserin möglich, die Probleme zu überwinden und angemessen zu handeln. Diese Themen lösen bei der Verfasserin unterschiedliche Emotionsmuster wie Freude, Aggression, Neid, Sympathie, Misstrauen, Angst usw. aus. So wird Freude beim Wiedersehen eines geliebten Menschen verspürt. Im Unterschied dazu ist die Wut oder Aggression eng an die politischen Debatten und den Umgang mit der Natur geknüpft. Misstrauen wurde beispielsweise ausgelöst durch eine Enttäuschung durch einen der Verfasserin nahestehenden Mitmenschen. Dies stimmt die Verfasserin misstrauisch im Bezug zu anderen Mitmenschen und bewirkt ein vorsichtiges Vorgehen bei sozialen Kontakten. Während die zuvor beschriebenen kognitiven Fähigkeiten relativ konstant bleiben, können sich die Intensitäten der Gefühle im Laufe des Lebens verstärken oder abschwächen. Den eigenen Gefühlen wird vertraut, diese können aber auch angepasst bzw. kontrolliert werden mittels Selbstreflexion, durch die der Verfasserin die eigenen Emotionen bewusst werden. (vgl. ebd., S. 49 ff.)

Einsendeaufgabe 4

Geschlechtsspezifische Lernstile

Diesbezüglich gibt es Vermutungen und Erfahrungsberichte, jedoch nur wenige empiri-sche Belege (vgl. Siebert 2015: Studienbrief EB0320, S. 62). Es lassen sich keine all-gemeinen Aussagen darüber treffen, ob und inwiefern das Geschlecht eine Rolle für den Lernstil spielt. Es gibt zahlreiche weitere Faktoren von denen der Lernstil abhängig ist, wie beispielsweise die Schulbildung und die berufliche Tätigkeit. (vgl. ebd., S. 67) Weiterhin spielt auch die neurobiologische Ausstattung der Menschen eine bedeutende Rolle für das Wahrnehmen und Denken (vgl. ebd., S. 64).

Den biologischen Interpretationen zufolge werden die Gehirnaktivitäten auch durch die Geschlechtshormone beeinflusst. So wird das räumliche Denk- und Orientierungsver-mögen durch das männliche Hormon Testosteron gefördert. Darum ist es Männern möglich Aufgaben, in denen mathematische Fähigkeiten und eine räumliche Vorstel-lungskraft abgefragt werden, schneller zu lösen. Dahingegen sind die Frauen den Männern durch ihre schnelle Auffassungsgabe, das besser ausgebildete Detailge-dächtnis sowie die Fähigkeiten im Bereich der Feinmotorik überlegen. (vgl. ebd., S. 63) Das weibliche Hormon Östrogen kann durch einen Anstieg die sprachlichen Fähigkei-ten fördern. Auf Grundlage von Erfahrungsberichten wird die These aufgestellt, dass Frauen bei der Lösung von Aufgaben vermehrt auf Erfahrungs- und Emotionsmuster oder ihre Intuition zurückgreifen. (vgl. ebd. S.64)

Darüber hinaus scheint es den Weiterbildner/innen so, dass Frauen anderen Verhal-tens- und Denkweisen gegenüber offener sind und sie versuchen diese mit den eige-nen Mustern zu verknüpfen. (vgl. ebd., S.66) Sie sind vorsichtiger bei der Meinungsbil-dung und verfügen über die Fähigkeit mehrdeutige Situationen und widersprüchliche Handlungsweisen zu ertragen (vgl. ebd., S.67).

Jedoch kommt aus Erfahrungsberichten hervor, dass Frauen öfter nachfragen, um sich abzusichern, während Männer ein höheres Selbstbewusstsein haben, durch welches sie ihre eigenen Lücken oder Probleme gar nicht wahrnehmen. (vgl. ebd. S. 69) „Ent-scheidend für „den zwischengeschlechtlichen Diskurs" sind (damit) die Bilder, die beide Seiten von sich und den anderen haben." (ebd., S.69)

In Bezug auf die Weiterbildungsteilnahme beider Geschlechter ist festzustellen, dass die Teilnahmequote der Frauen in den vergangenen Jahren im Bereich der allgemei-nen Weiterbildung deutlich gestiegen ist. Sie machen einen Großteil der Teilnehmen-den in allen Fachbereichen, außer beim Nachholen von Schulabschlüssen, aus. (vgl. ebd., S.75) Die Beteiligung der Frauen in der betrieblichen Weiterbildung ist aufgrund der höheren Anzahl an männlichen Führungskräften deutlich geringer (vgl. ebd., S.75).

Es wird vermutet, dass Männer mehr an einem „instrumentellen Qualifizierungslernen" interessiert sind während Frauen eher zum „reflexiven Identitätslernen" bereit sind, das eine Auseinandersetzung mit sich selbst und der eigenen Biografie und der Erzählung der individuellen Lebensgeschichte beinhaltet (ebd. S.75).

Folglich lässt sich die These aufstellen, dass Männer bildungsunmotivierter sind, da sie sich weniger selbst reflektieren und wahrnehmen. Die gesellschaftlichen Schlüsselqualifikationen, die dazu befähigen ein gutes Leben zu führen und komplexe gesellschaftliche Aufgaben zu lösen, sehen die Männer nicht immer als Bildungsaufgabe an. (vgl. ebd., S. 76)

Einsendeaufgabe 5

Lernen im Erwachsenenalter als „innerer Monolog"

Bei erwachsenen Menschen handelt es sich um autonome Subjekte mit einer selbst-gesteuerten und reflektierenden Lebensführung. Sie sind Konstrukte aus Deutungs- und Emotionsmustern, die ihre Identität bilden. Diese Deutungs- und Emotionsmuster wurden durch Lebenserfahrungen und soziale Kontakte über ihre Biographie ausgebil-det. (vgl. Siebert 2015: Studienbrief EB0330, S. 5 f.)

Die Erwachsenen nehmen die Umweltveränderungen durch ihre Sinne und ihre Erfah-rungen wahr. Sie bilden sich ihr individuelles Konstrukt. Ihr Gehirn prüft, ob diese Wahrnehmungen mit den bisher eingespurten Deutungs- und Emotionsmustern ver-einbar sind und plausibel erscheinen. Wenn das Neue dabei besonders viele An-schlussmöglichkeiten zu schon Vorhandenem findet, also in das Weltbild des Erwach-senen passt, verläuft der Lernprozess, so geht man davon aus, schneller. (vgl. ebd., S. 5 f.) Wie durch die Hirnforschung begründet, kommuniziert „das Gehirn als geschlos-senes System [...] vorwiegend mit sich selbst, sodass Lernen prinzipiell selbst gesteu-ert ist." (ebd., S. 7)

„Die Kindheit hinterlässt „Spuren"; es bilden sich relativ früh sensorische und mentale „Strukturen", die das Lernen im Lebenslauf prägen." (Bloß o.D.)

Im Erwachsenenalter verfügen die Subjekte über mehr Deutungsmuster und vernetzte Nervenzellen innerhalb des Gehirns. Diese sind noch stärker verknüpft und ausdiffe-renzierter, wodurch man als Erwachsener anders lernt als im Kindheits- und Jugendal-ter. (vgl. Siebert 2015: Studienbrief EB0330, S. 6 ff.)

Darum fällt es den Erwachsenen auch schwer die eingespurten Deutungs- und Emoti-onsmuster aufzugeben, ohne Bestandteile ihrer Identität einzubüßen (vgl. Arnold 2015: Studienbrief EB0110, S. 113 ff.).

Im Lernprozess der Erwachsenen handelt es sich um ein Anschlusslernen. Die neuen Lerninhalte werden mit dem Vorwissen verknüpft. Darum sind nach dem Erwach-senenpädagoge Prof. Horst Siebert „Erwachsene [...] lernfähig aber unbelehrbar" (Sie-bert 2015: Studienbrief EB0330, S. 8).

Jedoch geraten Erwachsene insbesondere in Problem-/Krisensituationen an die Gren-zen ihrer Handlungsmöglichkeiten. In diesen Situationen nehmen Umdeutungsprozes-se zu, in denen die Deutungs- und Emotionsmuster angepasst oder ausgebaut wer-den. Aber in einer Art und Weise, die es den Erwachsenen erlaubt ihre Identität fortzu-schreiben. (vgl. Arnold 2015: Studienbrief EB0110, S. 114)

Somit lässt sich festhalten, dass es von der menschlichen Biographie abhängt, was als anschlussfähig und damit gut lernbar angesehen wird, da sich die Deutungs- und Emotionsmuster über die Lebensspanne konstituieren. Der Erwachsene sucht sich bspw. die Weiterbildungsangebote nach Anschlussfähigkeit an die Lebenssituation und nach den individuellen Interessen. (vgl. Siebert 2015: Studienbrief EB0330, S. 5 ff.)

Zusammenfassend lässt sich damit der Lernprozess als *innerer Monolog* bezeichnen. Unter einem Monolog wird ein einseitiges Senden von Informationen im Sinne eines Redeflusses ohne aktiven Dialog mit einem Gesprächspartner gefasst. Dabei funktioniert unser Gehirn aus sich selbst heraus nach seiner eigenen individuellen Logik, als geschlossenes System und selbstgesteuert. (vgl. ebd., S. 7 f.)

Wenn beispielsweise in einem Gespräch mit einer anderen Person Einflüsse auf uns von außen einströmen prüft das Gehirn, ob diese mit unseren Deutungs- und Emotionsmustern vereinbar sind. Es findet in diesem Fall kein wirklicher Dialog statt. Denn die Information vom Sender wird nicht eins zu eins beim Empfänger abgespeichert, sondern der Empfänger bildet sich sein eigenes Konstrukt aus dem Gesagten/Übermittelten vor dem Hintergrund der biographischen Muster. (vgl. ebd., S. 9)

Eine wirksichere Einflussnahme von außen auf den *inneren Monolog* ist demnach unmöglich. Es kann nur indirekt durch verschiedene Formen des Intervenierens darauf eingewirkt werden. Das können beispielsweise Irritationen sein, die eine verstörende oder inspirierende Wirkung beim Subjekt erzielen sollen. Damit soll ein Impuls für die Selbstreflexion gegeben werden, wodurch neue Möglichkeiten des Wahrnehmens, Denkens und Handelns erschlossen werden können. Jedoch entscheidet das Subjekt selbst wie es diesen Reiz deutet und welchen Nutzen es damit verbindet. Der Erwachsene ist Entscheider seiner Lernprozesse und ist dafür selbstverantwortlich. (vgl. ebd., S. 8 ff.)

Einsendeaufgabe 6

Lernstile nach D. Kolb.

Unter dem Begriff *Lernstil* wird die unterschiedliche Art und Weise verstanden, wie sich Menschen neue Kenntnisse, Fähigkeiten und Fertigkeiten aneignen und welche die Interessen zur Motivation beitragen. Dabei hat jeder Mensch individuelle Vorlieben, wie sie/er sich Neues aneignet. (vgl. Siebert 2015: Studienbrief EB0330, S. 15 ff.)

Nach D. Kolb durchläuft jede lernende Person einen Lernkreislauf, der mit einer konkreten Erfahrung beginnt und über das reflektierende Beobachten und die abstrakte Begriffsbildung mit dem aktiven Experimentieren endet und wieder von neuem beginnt. Auf diesem Weg können neue Erfahrungen gemacht werden und es können Lernergebnisse vertieft und verbessert werden. Diese vier Dimensionen werden häufig aber nicht immer durchlaufen. (vgl. DIE, o.D.)

Aus diesem Lernkreislauf können vier Lernstiltypen abgeleitet werden, die jeweils von zwei Lernphasen geprägt werden. Es handelt sich hierbei um die Assimilierer, Konvergierer, Divergierer und Akkomodierer. (vgl. Höffer-Mehlmer 2014: Studienbrief EB0430, S. 29)

Während Divergierer in erster Linie durch konkrete Erfahrungen und reflektierende Beobachtungen lernen, bevorzugen die Assimilierer zwar auch das reflektierende Beobachten, greifen aber zusätzlich lieber auf die abstrakte Begriffsbildung sowie theoretische Modelle zurück. Wie die Assimilierer weist das Lernen der Konvergierer auf ein analytisches und begriffsbildendes Vorgehen hin. Sie lernen gut durch aktives Experimentieren. Die Akkomodierer lernen am besten durch die aktive Teilnahme in Lernsituationen, das Experimentieren und die gezielte Auseinandersetzung mit neuem. (vgl. ebd. S. 18)

Jede Person verfügt über alle vier Lernstile und kann diese anwenden, jedoch tut sie dies auf unterschiedliche Art und Weise und nach den individuellen Präferenzen. Dies führt dazu, dass meist ein bis zwei Lernstile besonders stark ausgeprägt sind. Folglich sind die anderen zwei bis drei Lernstile schwächer ausgeprägt. Es ist zu vermuten, dass die Lernstile auch vom Sozialisationsprozess der Menschen abhängen. Aus einzelnen Untersuchungen sind Gemeinsamkeiten zur Studien- und Berufswahl erkennbar. Meist dominiert einer der vier Lernstile nach D. Kolb. (vgl. Stangl, o.D.)

Im Folgenden werden die vier Lernstiltypen anhand einer Veranstaltungsform veranschaulicht.

Angeboten wird beispielsweise ein virtuelles Seminar an der Hochschule Trier zum Thema „Betriebswirtschaftliche Grundlagen".

Die Divergierer und Konvergierer nehmen aktiv teil, sind motiviert und engagieren sich am den E-Learningkursen. Sie sind offen für neues und die Kooperation mit anderen Teilnehmern. Jedoch neigen Divergierer oft dazu gefühlsmäßige Urteile zu bilden. Sie haben zwar Spaß an der Gruppendiskussion aber stehen dem Erfolg ihrer Gruppe öfters negativ gegenüber. Die Konvergierer können dahingegen aufgrund des dominierenden analytischen und begriffsbildenden Vorgehens dazu neigen sich mehr von dem Lernen in der Gruppe zurückzuziehen. Sie präferieren dann die Orientierung an Objekten und Symbolen. (vgl. Stangl, o.D.)

Die Akkomodierer nehmen das virtuelle Arrangement am besten an und beteiligen sich aktiv an den Aufgabenstellungen. Sie fühlen sich im Austausch mit den anderen Teilnehmern wohl, sind aufgeschlossen und gesprächig. Es kann jedoch auch sein, dass sie die vorhandenen Lernressourcen und die Rückmeldung von der lehrenden Person als unzureichend empfinden und ihren Lernerfolg geringer einschätzen als die anderen Lernstiltypen. (vgl. Stangl, o.D.)

Die Assimilierer akzeptieren die virtuelle Lernumgebung durchschnittlich und sind lernmotiviert. Mit den strukturierten Aufgaben und Lernressourcen kommen sie gut zurecht. Es tauchen keine besonderen Probleme auf. (vgl. Stangl, o.D.)

Wenn man diese Lernstile auf die Berufstätigkeiten bezieht, ist festzustellen, dass der Lernstil „Divergierer" in erster Linie bei Beschäftigten mit Ausübung von beratenden Tätigkeiten dominiert. Die bearbeiten Alternativen und versuchen die Probleme zu erkennen bzw. aufzuzeigen. (vgl. Höffer-Mehlmer 2014: Studienbrief EB0430, S.29 f.)

„Konvergierer" überwiegen durch das Testen von Theorien und die Lösung von Problemen in den natur- oder ingenieurwissenschaftlichen Tätigkeitsfeldern. (vgl. ebd., S. 29 f.)

„Assimilierer" hingegen dominieren im Tätigkeitsfeld der Mathematik. Der Lernstil setzt auf die Formulierung von Theorien und die Definition von Problemen. (vgl. ebd., S. 29 f.)

Der Lernstil „Akkomodierer" insbesondere bei Führungskräften vorherrscht. Sie setzen auf die Beschaffung von Ressourcen, um Lösungen ausführen zu können. (vgl. ebd., S. 29 f.)

Literaturverzeichnis

Arnold R. (2010): Selbstbildung oder: wer kann ich werden und wenn ja wie?, 1. Aufl. Baltmannsweiler, Schneider-Verlag Hohengehren

Arnold, R. (2015): Studienbrief EB0110: Porträts und Konzeptionen zur Erwachsenenbildung., 3.aktualisierte und überarbeitete Auflage, Kaiserslautern, s.n.

Bloß J. (o.D.): Unternehmer sein lernt man nicht in der Schule oder: Erwachsene lernen anders., unter: https://www.jochen-bloss.de/gruendung/gruenden/unternehmer-lernen.html (Zugriff: 06.02.2019)

Deutsches Institut für Erwachsenenbildung – Leibniz-Zentrum für Lebenslanges Lernen e.V. (DIE) (o.D.): Lernstile und Lerntypen, Fördert eine Typisierung den individuellen Lernerfolg?, unter: https://wb-web.de/wissen/lehren-lernen/lernstile-und-lerntypen.html (Zugriff: 06.02.2019)

Höffer-Mehlmer M. (2014): Studienbrief EB0430: Methoden und Medien in der Erwachsenenbildung., Kaiserslautern, s.n.

Siebert H. (2015): Studienbrief EB0310: Menschenbildung und Bildungsanspruch., 4. aktualisierte und überarbeitete Auflage, Kaiserslautern, s.n.

Siebert H. (2015): Studienbrief EB0320: Lernen im Lebenslauf., 4. aktualisierte und überarbeitete Auflage, Kaiserslautern, s.n.

Siebert H. (2015): Studienbrief EB0330: Lernstile und Lernschwierigkeiten., 4. aktualisierte und überarbeitete Auflage, Kaiserslautern, s.n.

Textor M. (o.D.): Die Persönlichkeitsentwicklung von Kindern und Jugendlichen als Herausforderung an Familie und Schule., in Das Kita-Handbuch von Martin R. Textor und Antje Bostelmann (Hrsg.), unter: https://kindergartenpaedagogik.de/fachartikel/paedagogik/25 (Zugriff: 08.03.2019)